oskar kabel

AF176274

hoaxlyrik II

3 egomorphe effekte

mit nahbell-interview

fragmente 0021 – 0023

aus dem 1000teiligen zyklus

BoD 2020

kurzbio

oskar kabel, geboren 11. mai 1994 in würzburg, lyriker, progressive poesie. gemeldet in wiesbaden. / nach einer reihe. jugendsünden. zog ich einen strich. unter notiertes. und begann. neu. ein tausendteiliger zyklus: "hoaxlyrik – egomorphe effekte". ein poetisches experiment. erste fragmente veröffentlicht im literaturautomat.eu & im poesiesalon.de / ann cotten meint, ich betreibe prätentiösen solipsismus: *"insgesamt klingts wie eine parodie, ein hoax"* (zitat 29.4.2019). 2.nahbellförderpreis 2020.

online publiziert:

lyrikszene.jimdo.com/forum/oskar-kabel/

literaturautomat.eu & poesiepreis.de

social media:

facebook/progressivepoesie

instagram/progressivepoem

twitter/progressivepoem

kontakt:

facebook.com/kabelbrandung

hoaxlyrik@hotmail.com

Impressum

hoaxlyrik II © 2020 Kabel, Oskar

Herstellung und Verlag: BoD – Books on Demand, Norderstedt

ISBN 9783751951333

oskar kabel [11. märz 20]

0021

all die gedichte. all die jahrhunderte.
all die versuche. all die begeisterung.
die entbehrun g e . all das erkannte.
das visionierte. u n d revidierte. das
 e elenlos. treibende. das plötzlich.
s ich offenbarende. das nachhaltig.
nicht nachhaltige. da s gefährliche.
die mutprobe. die kri e. das warten.
das nichtwissen. woher rettung. und.
antwort. auf welche fragen? welche.
vermutungen. welche ahnungen. und.
missverständnisse. im m   . nur. ich.
ich. ich. das verglühen. d er nerven.
das zittern. d er unbrauchbar e n.
gedanken.   er sätz . der wör t r . der.
buchstaben. der le e re. der p e s on.

1. NAHBELLFRAGE

Oskar! Ich darf Dich beglückwünschen! Du erhältst den zum zweiten Male vergebenen Nahbellförderpreis 2020 (neben den beiden Hauptgewinnerinnen Sigune Schnabel & Stefanie Schulte-Rolfes) für Deinen ziemlich genialen Debutband "HOAXLYRIK", der als allererste offizielle Lyrikproduktion des Jahres erschien, aber bislang von niemandem außer mir (für Amazon) rezensiert wurde. Bevor ich Dir eine erste Interviewfrage stelle, möchte ich den Lesern zunächst erklären, dass wir eine Vereinbarung trafen: ich setzte Dich bei Deiner Bewerbung ein wenig unter Druck, mir Deine wahre Identität zu verraten, um den Preis zu bekommen; denn ich wollte verhindern, dass Du vielleicht doch Ann Cotten bist, die Dich so übel unter der Gürtellinie kritisierte. Für Deine Teilnahme am Poesiesalon fand ich das letztes Jahr eher amüsant, aber hier und jetzt geht es immerhin rein theoretisch um 10 Millionen Euro! Nicht dass ich was dagegen hätte, wenn sich Ann Cotten für den Nahbellpreis bewürbe, aber ich möchte wissen, mit wem ich es zu tun habe. So habe ich es bereits bei der Preisträgerin Tanja 'Lulu' Play Nerd gehalten und so machen wir beide das auch: Dein Wunsch ist mir Befehl, dass Deine Identität nicht geoutet wird, aus Respekt vor Deiner künstlerischen Haltung, die dahinter steht! Fangen wir doch einfach mal gleich mit diesem brutalen Kommentar von Ann Cotten an, den sie am 29. April 2019 als Gastbeitrag auf Deine Facebookseite "PROGRESSIVE POESIE" platzierte. Sie nannte Deine ersten Gedichte "expressionistisch", fand sie alles andere als "progressiv" und verglich Deine vermeintliche Anonymität mit einer Parodie von Czernin/Schmatz. Ihr finales Urteil lautete: *"solipsistischer, prätentiöser Scheiß ohne irgendeine rettende Qualität."* Gab es da in der Lyrikszene einen internen Diskurs über die Notwendigkeit von "rettenden" (weltrettend? seelenheilrettend? lyriklegitimationsrettend? oder was genau rettend?) Kriterien für Gedichte oder worauf stützt sie diese Bewertung?

1.NAHBELLANTWORT

danke. tom. es ist. schön. nun. ein wenig mehr. zur lyrikszene. zu zählen. was ich sehe: lyrik. legitimiert sich. durch ihre eigene. existenz. als kunstform. im sinne. des menschlichen. ausdrucks. das hirn. arbeitet. und spuckt. daten. aus. nicht mehr. und nicht weniger. diese daten. müssen vom mensch. willentlich. interpretiert werden. die wenigsten. machen das. obwohl ich. behaupte: alle menschen. hören. ihr hirn. arbeiten. das zuhören. ist eben. das schwierige. das machen. die dichter. sie hören. sich selber. beim denken zu. denken. ist ein prozess. kein ergebnis. kein ziel. keine wahrheit. ein prozess! diesen prozess. habe ich. früher. unterbrochen. um gedichte zu schreiben. die dem kanon. gerecht werden. sollten. mir wurde dann. irgendwann. davon übel. und ich stagnierte. mein bauchgefühl. sagte mir: das ist. keine poesie! das sind nur. plagiate. anerkannter. kollegen. ich unterbrach. meine lyrischen versuche. für eine weile. und meditierte. um meinem denken. freier. zuhören. zu lernen. den denkprozess. nicht mehr. krampfhaft. zu texten. umzuformen. die wie gedichte. aussehen. aber letztlich. bedeutungslos. bleiben. mir keinen neuen impuls gaben. ich wollte nicht. mit einem abklatsch. bereits bekannter stilmittel. debütieren. ich wollte. mein denken. verstehen. das denken. des menschen. umso schmerzhafter. war daher. anns anmerkung. die mich. noch dazu. sehr früh im prozess. traf. und mir viel kraft. abverlangte. trotzdem weiterzu-machen. glücklicherweise. gab es danach. auch. sehr nette. mutmachende kommentare. und die aufnahme in den poesiesalon. war für mich. ein persönlicher. durch-bruch. eine debatte. um irgendeine "rettende" funktion. von lyrik. ist mir nicht bekannt. vielleicht gab es die. in den suhrkampkreisen der cotten? ich selber. erachte die lyrik. primär. als vollkommen. frei. von funktionen. sie dient mir nur. als protokoll. des prozesses.

2.NAHBELLFRAGE

Ist dieses Bedürfnis zu meditieren auch der Grund, warum du kurz vor dem globalen Coronalockdown nach Indien in die legendäre Stadt Auroville abgehauen bist? Das 19.Fragment deines Gedichtbandes (vom 18. De-zember 2019) wirkt auf mich wie eine doppelte Prophe-zeiung - einerseits in Bezug auf die Pandemie, wenn Du schreibst: *"ruhe. absolute. ruhe. die menschheit. / steht. endlich. still. die passanten. / passagiere. touris-*

ten. kranke. tote. / scheinheilige. politiker. senioren. / kinder. eltern. erzieher. das ganze. / volk. der fernseher. hängt. die szene. / als stotterndes. standbild. mitten im. / ereignisablauf. eingefroren.", und andererseits in bezug auf Dein plötzliches Weggehen, wenn es da heisst *"am / beliebigen. punkt. des geschehens. / aufgewacht. aus dieser. hypnose. / ... / urschreie. sinnfragen. reset button."* Ist Auroville sozusagen Dein Neustart des Programms "Denken" nach dem Drücken des Resetbuttons?

2.NAHBELLANTWORT

die ganze perverse. weltsituation. wurde mir. nach veröffentlichung des bandes. unerträglich. ich brauche. ganz einfach. den abstand. in dieser oase. des geistes. um meine leere. mitte. zu stabilisieren. der prozess. des protokollierens. erwies sich. als zu groß. zu komplex. ausufernd. unkontrollierbar. ein denkgeschwür. das letztlich. zu körperlichen beschwerden. führte. weil der geist. selbstläufer wurde. und die welt. nicht aus den wörtern. eliminieren. konnte. sri aurobindo. sprach vom supramentalen. das körperlich. spürbar. sei. ich suche. irgendwie. einen nährboden. für meinen körper. und diesen freien geist. gleichermaßen. eine metaphysik. die das weltliche. nicht tötet. sondern erträgt. diesen ganzen. irrsinn. menschliches versagen. kollektive selbstlüge.

3.NAHBELLFRAGE

Puh, Du scheinst irgendwie von Dir selbst überfordert (gewesen) zu sein... Als hätte sich der Dichter zu viel vorgenommen und die Geister, die er rief, nicht mehr zähmen können! In Deinen beiden jüngsten Fragmenten, Nr.22 und 23, die bereits in der Coronakrise entstanden, finde ich düstere Hinweise auf diese Enttäuschung über die Ohnmacht der Sprache und diese Sehnsucht, sich irgendwo zu verwurzeln, wo die Weltprobleme einerseits nicht hingelangen bzw. keinen übermäßigen, körperlich erfahrbaren Weltschmerz verursachen, aber eben trotzdem nicht geleugnet werden müssen, sondern als absolut real empfunden werden dürfen. Eine paradoxe Gratwanderung zwischen panischer Weltflucht und totaler Affirmation? Da schreibst Du zum Beispiel: *"du. kannst. diesen. / wandel. nicht. wegmeditieren. den. / wandel. des körpers. des klimas. / des kalten. krieges. in jedem. herz. / du. kannst. die welt. und. dich. selbst. / nicht. wegmeditieren. du. bist. diese. / welt. die. über sich. selbst. meditiert."* (in 0022, vom 29.3.2020) Oder auch: *"wie systemrelevant. / ist. die freiheit. der poesie. und wie. frei. ist diese. systemrelevanz. aller. / kritischen. dichter. wie unabhängig. / ist. sprache. wie systemkritisch. ist. / die unabhängigkeit. der verrückten. / wörter."* (in 0023, vom 25.4.2020) Wie lange planst Du, in Indien zu bleiben, falls der Shotdown überhaupt eine Rückkehr erlaubt?

3.NAHBELLANTWORT

ja. du sagst es. aber das. weiß ich. alles. bereits. seit spätestens. den fragmenten 0007 und 0010. ich habe nur. versucht. es. von mir. fern. zu halten. als wären es. nicht. meine eigenen. erkenntnisse. sondern die. einer maschine. und ich. nur protokolleur. inzwischen. versöhne. ich mich. mit mir. und dem dichterischen impuls. in mir. mein coronagedicht. für pendemic.ie. war eigentlich. nur. eine pflichtkür. weil mich. die ganze. diskussion. der lyriker. auf facebook. unter druck setzte. es ist. ein seltsames. gefühl. mich fernab. der deutschen. szenereflektionen. in einer tempelanlage. der entleerung. des geistes. hinzugeben. mich. im leersein. zu üben. damit die welt. durch den schädel. hindurchströmen kann. als sei er. ein abgeschalteter. durchlauferhitzer. und dann. doch wieder. ins netz. einzuloggen. und diese flut. an informationen. zu bewältigen. die auf den augen. brennt. und sticht. und mich. schreien lässt. ich werde. noch einige zeit. hier. benötigen. um mich. dem ganzen. neurodigitalen. welthorizont. anders. aussetzen. zu können. als momentan. das gesunden. in dieser ruhe. ist wichtiger. als die lyrik. das internet. und die panik. der pandemie. vielleicht. ist das lebenskonzept. von auroville. auch das richtige. und ich bleibe.

4.NAHBELLFRAGE

Herzlichen Glückwunsch zum Geburtstag, lieber Oskar! Du bist heute, am 11.Mai, 26 geworden, genau so alt war ich in Deinem Geburtsjahr 1994 und gab damals in Köln die A.L.O.-Produzentenzeitschrift "SchmutzEngel" (AußerLiterarische Opposition) heraus! Ich wünsche Dir, daß sich Auroville nicht nur als freakige Flucht vor dem dystopischen *"neuen goldenen Zeitalter"* erweist, das Du im Fragment 0007 ziemlich zynisch als *"Mystifizierung des Trivialen"* beschreibst, sondern als menschenfreundliches zukunftsweisendes Lebensmodell, dessen Funke vielleicht irgendwann auf andere überspringt. Beruhigend finde ich zumindest, daß Auroville nicht ideologisch technikfeindlich ist (wie es bei Sekten oft vorkommt oder beim Unabomber Ted Kaczynski, an dessen Verurteilung am 4.Mai 1998 Du letztens auf Instagram erinnert hast), sondern im Gegenteil das Digitale und das Ökologische miteinander in Einklang zu bringen versucht. Immerhin wird diese außergewöhnliche, spiralförmige Stadt schon seit 50 Jahren von der UNESCO unterstützt, als eine Art visionäres Experiment. Das Bild vom *"abgeschalteten Durchlauferhitzer"* passt gut zu Deiner extremen Interpunktion, als kämen die Wörter nur tröpfchenweise (aus Deinem Geist), was das Lesen nicht unbedingt erleichtert. Hinzu kommen die häufigen Löcher im Text, bei denen man mindestens in die vorherige oder nächste Zeile springen muss, um den fehlenden Buchstaben zu finden. Im Fragment 0015 schreibst Du dann unerwarteterweise metapoetologisch selbstreferenziell *"dieses gedicht. / hat keine lücken"* (natürlich auch symbolisch interpretierbar: es behauptet, in seiner Aussage nichts "auszulassen", also "alles" zu sagen, was sagbar ist?), was diesem Fragment eine Ausnahmestellung im gesamten Zyklus verleiht, zusammen mit dem Fragment 0023 (ich nenne es mal das Coronagedicht), das ebenfalls "lückenlos" lesbar ist, und in dem Du die (rein rhetorische?) Frage aufwirfst, wie frei die Systemrelevanz der Freiheit der Poesie überhaupt sein kann. Wozu dient also diese fast zwangsneurotisch wirkende Zeichensetzung? Und wozu all die Löcher? Hätten Deine Gedichte auch ohne diese experimentelle Komplikation dieselbe Aussagekraft? Oder wären sie dann nicht mehr progressiv? Damit meine ich jetzt nicht Deine Erklärung der ersten Antwort bzgl. der Prozesshaftigkeit des Denkens (englisch: "in progress"), sondern ich ziele ab auf die Unterstellung Deiner Kritiker, daß diese optische Präsentation weder progressiv im Sinne einer lyrischen Innovation noch zur Verstärkung Deiner Inhalte nötig sei. Mir persönlich gefällt diese Optik gut, sie erinnert mich an das Brettspiel Scrabble: Du erschaffst kleine Rätsel, sprachliche Stolpersteine und zwingst einen beim Lesen, die einzelnen "fragmentierten" Buchstaben sehr langsam und gründlich zu betrachten, ja dadurch bekommen die Gedichte eine weitere, fast schon räumliche Dimension: ihre Bildhaftigkeit! Sie werden durch dieses Buchstabengepurzel zu regelrechten Kunstwerken, die noch dazu digital animiert werden könnten, ja, ich würde an manchen Stellen am liebsten daraus echte "digitale Literatur" machen! Besonders das vierfache "d" im Fragment 0019 erinnert mich an eine interdisziplinäre Ausstellung in der Berliner Nationalgalerie am Potsdamer Platz vor 20 Jahren: in einem Raum rieselten digitale Buchstaben wie Regen interaktiv von einer Wand herunter: der Betrachter konnte die Bewegung der Buchstaben mit seinem Schattenspiel beeinflussen! Das "d" in Deinem Fragment 0019 fällt ja auch fünf Zeilen tief, es wird aus vier Wörtern extrahiert und landet da unten dementsprechend vierfach als eigenständige Zeile. Meine absolute Lieblingsstelle befindet sich aber im quasi "geheimen" Abschlussfragment des hoaxlyrik-Heftes, Nr.0020, das Du aufgrund seines Themas nicht ins Internet gestellt haben möchtest: hier sieht es so aus, als würde das "o" (aus dem Wort "Algorithmus") durch sein Gewicht beim Fallen das "e" aus dem darunter befindlichen Wort "dokumenti...rt" herauskatapultieren, das dann wie ein Geschoss sechs "Etagen" tiefer erst in dem Wort "Aufm...e...rksamkeit" zur Ruhe kommt, wo es durch den großen Abstand zum Restwort dann sehr viel Aufmerksamkeit bekommt. Das e ist ja der am meisten verwendete Buchstabe im D...e...utsch...e...n! Ich habe das selber mal in der Quantenlyrik durchexerziert, indem ich einen e-Buchstabenteppich aus den Wörtern eines Textes herausfilterte: man staunt nicht schlecht, wie wichtig das e für die Sprache ist – wie die Dunkle Materie für das Universum! Hast Du noch meine Fragen vor Augen? Ich bin etwas abgedriftet vor lauter Begeisterung...

4.NAHBELLANTWORT

deine. begeisterung. ehrt mich. vorallem. der hinweis auf möglichkeiten. zur digitalen literatur. ja. die räumlichkeit. und bildhaftigkeit. sind für mich. hochspannende ebenen mit potenzial. verschriftlichter gedanken. da neigt sich poesie. in das feld der kunst. und das wahrnehmen. verschmilzt zweierlei aspekte. des hirns: information. sowohl abstrakt als auch optisch. zu erfahren. manche textstellen. sollen daher. bewegte mikrogeistige ereignisse. im kopf hervorrufen. wie zum beispiel. das von dir erwähnte fallende e. im fragment 0020. es beruhigt mich. dass dir. das widerfährt! dass es also funktioniert! die wenigen kritiker/kollegen. die meine arbeiten. bislang überhaupt kommentierten. hatten vielleicht. nur den reinen textgehalt. vor augen. ohne das gesamtsprachbild. als kunstwerk zu erleben. insofern liegen sie. nicht falsch. denn der inhalt. korrespondiert nicht notwendigerweise. mit den optischen experimenten. ich schreibe den text. immer zuerst. in seiner lückenlosen form. und begutachte danach. die positionen der buchstaben. um brauchbare stellen. für die aufbrechung des statischen. zu eruieren. für das corona-motivierte gedicht. entschied ich mich aber. für die anfängliche reinform. aus praktischen gründen: es überfordert die herausgeber. anscheinend. vielleicht auch nur technisch. einen lücken-basierten text. korrekt zu präsentieren. oder zu drucken: die erste. und bislang einzige. literaturaktion. die auf meine bewerbung. positiv reagierte. kommt aus deiner stadt: der literaturautomat.

aber sie wollten nicht. meine grauen schautafeln. drukken. sondern eine textdatei. ich durfte. zum glück. einen blick auf die druckfahne werfen. und konnte noch kleinigkeiten lektorieren. weil die positionen mancher leerstellen. in einer weise verrutscht waren. dass die eindeutige lesbarkeit. (durch springen auf andere zeilen.) nicht mehr gegeben war. und die optische bildebene. nicht stimmte. daher bewerbe ich mich überall. nur mit den grauen schaubildern. die ich auf instagram. generiere. sie sind das fixierte endbild. dessen buchstaben im druck nicht verrutschen. auf instagram findet daher. immer die erstpublikation statt. die freiheit meiner poesie. endet insofern. bei den beschränkungen technischer systeme. symbolisch übertragen. auf die konditionierte wahrnehmung. bedeutet das: eine gedichtsendung ist nur so frei. wie die beschränkte wahrnehmung. des empfängersystems! daher auch mein zynismus. im fragment 0015: ein lückenlos dargestelltes gedicht. enthält keine weiteren optischen informationen. die überlesen/übersehen werden können. der empfänger. liest tatsächlich. die gesamte vorliegende aussage. darüber hinaus. sage ich aber auch. dass ich hundert prozent ehrlich bin: ich lasse nichts aus. ich verheimliche nichts. ich rede lückenlos. die "extreme interpunktion" ist die folge. der lückenlosen langsamkeit. des denkens. das wesentliche am denken. geschieht für mich. beim innehalten in all diesen sprachlosigkeiten. zwischen den wörtern. beim warten. auf das geeignete wort. das die maschine im kopf. generiert. wenn der geist. durch die erinnerungen scannt. und aus den vielen ordnern einzelne akten. in die nervenbahn legt. und das produkt "gedanke". an die adresse des bestellers beamt. das ist vergleichbar. mit automatisierten kaufsystemen. die ware ist ein wort. der käufer ist ein mensch. mit einer frage. solange keine frage auftaucht. rollt auch kein wägelchen. durch eine fabrik. um passende wörter einzusammeln. meditation. ist der zustand. wenn diese geistfabrik innehält. stillstand. des ewigen gebrabbels. ein globaler lockdown. ermöglicht globale meditation. es gibt aber. fabriken mit notstromgeneratoren. an denen geht diese chance vorüber. sie lernen die leere. nicht kennen. sie wollen sogar. die produktketten anderer fabrikbesitzer. installieren. das sind die eigentlichen verbrecher. verräter des menschlichen potenzials. ein experimentelles gedicht. ist in diesem kontext. ein hoax. es sabotiert das system mit informationen. die in keiner akte gespeichert sind. und daher nicht abrufbar sind. es mogelt sich. sozusagen. zwischen den takt. in dem der geist tickt. und setzt die energie. der informationslosen lücken. frei!

5.NAHBELLFRAGE

Ok, lieber Oki, da steckt jetzt jede Menge "Denkware" drin :-) Nein, im Ernst: ich hatte mit diesen Ausmaßen Deiner psychoästhetischen Hintergründe nicht unbedingt gerechnet. Aber ich finde es auch irgendwie beruhigend: dass Du derart akribisch vorgehst und Deine Sache stringent verfolgst. Das sind für mich die richtigen Gewinner: die experimentellen Eigenbrötler, die sich noch was trauen, auch wenn sie von der ganzen Szene belächelt oder gar ignoriert würden! Aber Du hast ja inzwischen auf Instagram weit über 200 Follower, die Deine Schaubilder als erste lesen und liken. Der typische Instapoet bist Du allerdings mit solchen Gedichten (zum Glück!) nicht, wenn man das mal mit der kitschigen Pseudopoesie der Influencerin Rupi Kaur vergleicht, die zigtausende Follower hat, die keine Ahnung von Lyrik haben, aber ihr durch die vielen Likes zu einem Buchvertrag verhalfen. Das ist die neue virtuelle Scheinwelt, in der nicht berühmt wird, was inhaltlich hochwertig ist, sondern auf Hochglanz polierter billiger Blickfang: Beauty, Fitness und markante Motivationssprüche. Als gelungenes und gutes Gedicht wird da gehandelt, was aufgespritzte Lippen und definierte Pobacken vorweisen kann, "definierte Lyrik" sozusagen... Deine apokalyptisch grauen Schautafeln sind aus solch einem sexbesessenen, geifernden, notgeilen, konsumfanatischen Körperkult-Blickwinkel gesehen, der nach greller, bunter und flüchtiger Sensation verlangt, eher asexuell, aseptisch, platonisch und anstrengend, obwohl sie optisch provokant wirken, also untauglich als instagram-typische indirekte Produktwerbung! Du sagtest es anfangs ja selbst: Lyrik sei für Dich *"frei von Funktionen"*, nur Gedankenprotokoll. Mich hast Du definitiv "angesteckt" mit dem Virus Deiner Gedankenbilder *"ohne rettende Qualität"* — sorry, dass ich auf diese Suhrkrampf-Schote nochmal zurückkommen muss, jetzt, da ich weiss, wie viel subtil "revolutionäres" Konzept hinter Deinen Arbeiten steckt! Wenn ich einen Stil für Dich erfinden dürfte, ich würde Deine Poesie "neurokybernetische Lyrik" taufen. Ich freue mich außerordentlich, mit Dir wieder einen Nachwuchsautor der jüngeren Generation in der illustren Reihe der Nahbeller begrüßen zu dürfen. Als abschließende Frage möchte ich von Dir eigentlich nur noch eins wissen, nämlich auf Deine allererste Interview-Antwort bezugnehmend: Welche waren die "anerkannten Kollegen", als deren Plagiate/Abklatsch Du Deine frühe(re)n Versuche verworfen hast? Waren das literaturhistorische Vorbilder für Dich? Haben Dich bestimmte Dichter quasi "infiziert" oder begann das Schreiben an sich aus "innerer Notwendigkeit", wie Kandinsky es nannte?

5.NAHBELLANTWORT

interessant. dass du kandinsky. zitierst. oskar fischingers hypnotisierende filmversuche. "optischer poesie". faszinierten mich. als kind. meine eltern experimentierten. mit pädagogisch untypischem. bildungsfernsehen. meine mutter ist. psychoanalytikerin. war selten zuhause. hält heute noch. vorträge zu freuds folgen. als kongresshopperin. mein vater ist eine koryphäe. als autistischer universitätsprofessor. immer bemüht. mir etwas außergewöhnliches zu bieten. das war noch die zeit. der vhs kassette. die entmagnetisierten bänder. könnten sogar heutzutage. noch avantgardistischer wirken. in meiner jugend. sog ich dann alles auf. was von dadaisten. zu kaufen war. wie ein vertrockneter schwamm. insbesondere ging eine faszination. von hans arp aus. wie brutal und zart zugleich. seine poeme schweben. den steinskulpturen verwandt: massiv und transzendent. bis mir bewusst wurde. wie leicht der kanon zum kalauer übergeht. das war die zeit. als mir e.e. cummings mehr sagen konnte. ich begann. diese stille. zwischen den wörtern. zu ahnen. aber auch er. genügte meinen wahrnehmungsfiltern. irgendwann. nicht mehr. nie aufgehört zu lieben. habe ich rainer maria rilkes. duineser elegien. nur sie! und verschlungen habe ich. das gesamte (erhältliche) werk. von siegfried j. schmidt. der wie du. in jülich geboren ist. sein ansatz. hat mich nachhaltig. beeinflusst. sowohl die theoretischen studien. zur kommunikation. ästhetik. und werbung. als auch seine gedichte. die frühen verspielten. konkreten. und späteren altersweisen. fast lieblichen. ganz allgemein. sagte mir. der radikale konstruktivismus. weit mehr. als andere philosophien. doch ich suchte. bis vor einigen jahren. die gedanken. und ismen der anderen. fast zwanghaft. weil mir eigene. worte fehlten. ich war euphorisiert. von fremderkenntnissen. ohne meine abhängigkeit zu bemerken. erst beim versuch. selber zu dichten. wurde auffällig. dass ich. unfähig war. meinem eigenen denken. zuzuhören. mein kopfspeicher. enthielt eine bibliothek. fremder gedanken. geistige viren. vernebelten. meine seele. ich begann. alle gesammelten wörter zu löschen. unbarmherzig. systematisch. bis allmählich. meine ersten eigenen gedanken. aus einer leisen entfernung. fragmentiert anrollten. diese entdeckung. des eigenen denkens. glich einer offenbarung. die wörter der anderen: nur noch nebensächlich. nach einer weile. spürte ich selbst/bewusstsein, und selbst/vertrauen: das selbst. wurde bewusst. und vertraut. dem inneren wunsch. (einer art "not"). das weltgeschehen. zu begreifen. war eine eigene stimme. geboren. die hoax-fragmente. drängten sich auf. fragmentiert. und doch kybernetisch komplex. ich bestätige: neurokybernetik. macht sinn! ob es tausend werden? wer weiss. eine parodie. faschistischer ambitionen. den nächsten schritt. gehe ich jetzt: diese *"innere notwendigkeit"* abschaffen. gegen einen leeren innenraum tauschen. anstelle der inflation. von fremden und eigenen. wörtern: weltleere. gedankenlosigkeit. insofern mag der ursprüngliche plan. zum scheitern verurteilt sein. und der zyklus. hat keine relevanz. sollte es. doch. hin und wieder. aus dieser sprachlosen leere. dichten. dann dichtet es eben. dann soll es. so sein. vorrang hat. dass mein geist. nicht dem weltgeschehen. ausgeliefert bleibt. hauptsache. ich BIN. diese weltleere. ich möchte betonen: keine weltflucht! nur weltleere. inmitten des soziokulturellen. spektakels. als anker & kern. konstruktiver optionen. zur anteil-nahme. am fragmentierten. ganzen...

Ann Cotten ▸ **Progressive Poesie**
29. April · 🌐

2019

hm, was genau ist progressiv an diesen gedichten? die stilmittel sind expressionistisch... insgesamt klingts wie eine parodie, ein hoax wie damals von czernin/schmatz, dieser oskar kabel?

Älteste ▾

Oskar Kabel wer sind die beiden? wie lautete deren projekt? gibt es das in buchform? ist parodie eine beleidigung? was ist deiner meinung nach progressiv? kannst du mir kollegen empfehlen, die du progressiv nennen würdest? warum bin ich nicht progressiv? darf man expressivität nicht mehr einsetzen?

Gefällt mir · Antworten · Nachricht

Progressive Poesie Ann Cotten es irritiert mich etwas daß Du einerseits urteilst andererseits mein interesse daran dein urteil zu verstehen nicht erwiderst. bist du die neue ranicki?

Gefällt mir · Antworten

Ann Cotten nun, wenn du eine Erklärung brauchst, du hast mich eingeladen, diese Seite zu liken. Ich habe sie angeschaut und fand solipsistischen, prätentiösen Scheiß ohne irgendeine rettende Qualität. Die Anmaßung in der Betitelung bewog mich, dies explizit zu machen, jedoch ist mein Interesse hiermit auch tatsächlich ausgereizt.

Gefällt mir · Antworten · Nachricht   2